LETTRE

A

M. THIERS

Paris. — Imp. F. DEBONS et Cie, 16, rue du Croissant.

LETTRE

A

M. THIERS

Sur la gravité de la situation

ET LE

DEVOIR QU'ELLE IMPOSE

PAR M. G. V.

50 centimes

PARIS

A. LECHEVALIER, LIBRAIRE-ÉDITEUR

61, RUE DE RICHELIEU, 61

1873

AVANT-PROPOS

Quand j'ai entrepris cette publication, l'horizon politique était bien sombre : la fusion monarchique était faite ; les d'Orléans, impatients de redevenir famille royale pour émarger au budget, voyant d'ailleurs la République conquérir chaque jour davantage les sympathies populaires, s'étaient humiliés devant la Royauté du droit divin. Les journaux de la réaction chantaient victoire et annonçaient hautement que le premier acte de l'Assemblée nationale, après la reprise de ses travaux, serait le rétablissement de la Monarchie au profit de Henri V.

Et en face de ces manœuvres coupables et de ces affirmations insolentes, on ne voyait aucun acte important qui rassurât l'opinion. Au lieu d'un manifeste réunissant dans un même sentiment de réprobation les libéraux et les républicains de l'Assemblée nationale, des lettres de députés à leurs électeurs, stigmatisant il est vrai les attentats projetés et affirmant qu'ils échoueraient devant la volonté nationale, — mais, en définitive, des protestations insuffisantes.

La presse libérale, malgré l'incontestable talent de ceux qui la dirigent, n'était pas mieux inspirée : elle discutait ces attentats comme s'il se fût agi d'une illégalité ordinaire, alors qu'elle aurait dû, par un acte collectif, foudroyer la réaction méditant le plus grand des crimes, et faire ensuite un silence absolu sur ses actes, ce qui l'eût peut-être, dès lors, frappée d'un coup mortel.

Que l'on ajoute à cela une surexcitation religieuse qui, sous l'impulsion d'une action occulte, s'épanouissait déjà en manifestations insensées, répétant comme un mot d'ordre : Dieu, le Pape et Henry V, et l'on comprendra toute l'anxiété des citoyens qui ont le culte de la raison et de la vérité.

Pendant ce temps un homme qui, après avoir tenu d'une manière habile, pendant deux ans, le gouvernail de l'Etat, était allé demander à un pays voisin le repos nécessaire à la réparation de ses forces, voyait, malgré l'incognito dont il avait voulu s'envelopper, des populations avides de le voir, se presser sur son passage et l'acclamer du beau nom de LIBÉRATEUR DU TERRITOIRE, toujours suivi de cet autre cri : VIVE LA RÉPUBLIQUE !

Ces manifestations qui se reproduisaient partout à son approche furent pour moi comme un trait de lumière, et je me dis : Voilà le seul homme qui puisse rallier et diriger, en les accroissant encore, les forces de la République ; et alors, me considérant comme un écho des millions de voix du pays, je pris la résolution de m'adresser à cet homme éminent et de l'adjurer de consacrer encore tous ses efforts à la défense de la liberté, plus que jamais menacée.

Et comme si, par intuition, un même sentiment réunissait les hommes sincères qui travaillent à une œuvre commune, au moment où j'étais dominé par cette pensée, M. Thiers, dans sa remarquable lettre au maire de Nancy, annonçait devoir renoncer au plaisir de visiter cette cité, afin de mieux se préparer à lutter contre la faction qui rêve de détruire jusqu'aux plus pures conquêtes de la Révolution française.

Ce manifeste, car c'en est un, m'a causé une vive joie : le but principal de cette lettre était atteint. Néanmoins, à cause de quelques autres points qui sont aussi d'une grande importance, j'ai pensé que la publication de cette lettre serait encore utile. Le lecteur en jugera.

Octobre 1873

LÉTTRE

A

M. THIERS.

SUR LA GRAVITÉ DE LA SITUATION

ET LE

DEVOIR QU'ELLE IMPOSE

Quand vous étiez naguère le premier dans l'État, moi, citoyen obscur, j'ai eu la pensée de vous écrire pour vous dire des choses utiles qui vous avaient peut-être été dites dans des conversations intimes, mais dont la publicité ne s'est, je crois, jamais occupée. J'ai été arrêté dans l'exécution de ce projet par deux considérations : la première, c'est que si la presse républicaine, où figurent tant d'hommes judicieux, ne parlait pas de ces choses, c'est que le moment ne lui paraissait pas opportun ; la seconde, c'est qu'il n'était pas présumable que les hautes fonctions qui absorbaient tous vos moments, vous permissent d'accorder quelque attention à l'écrit d'un homme ignoré et ne se recommandant d'aucune protection.

Aujourd'hui, monsieur, vous n'êtes plus le premier fonctionnaire de l'État, mais vous êtes toujours le premier par la grandeur de vos services et votre haute supériorité; et je me suis dit que, grâce aux loisirs que vous ont faits vos adversaires, j'allais dire vos ennemis, il y avait peut-être lieu d'espérer que mes idées parviendraient jusqu'à vous et fixeraient votre attention.

Mais ma lettre qui, dans ma première pensée, devait être *dogmatique*, n'aura pas aujourd'hui ce caractère : le pays est menacé des plus grands malheurs, tous les citoyens qui ont le culte du droit et de la justice sont persuadés qu'il dépend de vous de détourner ces orages. Cette lettre est comme un écho des objurgations de la France.

Il y a d'autant plus d'obligation pour vous à vous dévouer au salut de la cause républicaine, que, malgré votre sévérité envers elle durant votre carrière gouvernementale, elle ne vous en a pas gardé rancune. La République, cet éternel recours des opprimés, proclamée pour la troisième fois en moins d'un siècle, rendant hommage à votre patriotisme et à vos éminentes qualités, vous a fait l'insigne honneur de la représenter auprès de trois grandes puissances, afin d'obtenir d'elles, après des revers inouïs, un appui moral qui arrêtât le vainqueur dans sa marche et l'amenât à des conditions moins inhumaines. Malgré les ressources de votre esprit et l'habileté de votre parole, vous avez complètement échoué. Et cela devait être : deux des pouvoirs sollicités avaient été récemment humiliés par nos armes, et, quoique nous nous fussions montrés généreux envers eux, ils étaient satisfaits de voir la France succomber à son tour dans ce jeu sanglant des batailles.

Néanmoins, le pays vous sut gré de vos efforts, et, quand on nomma l'Assemblée nationale, votre nom sortit triomphant de l'urne électorale de 26 départements. Jamais candidature n'avait obtenu un pareil honneur ; aussi, respectueuse des volontés du pays, l'Assemblée nationale vous élevait-elle, presque à l'unanimité, à la présidence de la République.

Vous étiez arrivé au poste le plus éminent et le plus glorieux qu'il soit donné à un homme d'obtenir. Dans cette situation, servi comme vous l'êtes par des talents supérieurs, vous pouviez immensément pour la félicité publique ; malheureusement, vous vous êtes laissé absorber par l'œuvre laborieuse et méritoire, nous le reconnaissons tous, de la libération du territoire ; et pendant ce temps, les ennemis de la République se comptaient et organisaient cette vaste conspiration dont la journée du 24 mai a été le premier acte important.

Permettez-moi, Monsieur, de remonter à la cause de cette journée néfaste : l'horrible guerre civile que vous avez eu le malheur de subir.

Il y avait dans la commune des hommes estimables, mais fourvoyés et coupables au double point de vue de la légalité et des intérêts bien compris de la République. Des citoyens honorables, appartenant à toutes les conditions sociales et à toutes les nuances de l'opinion républicaine, comprenant tous les malheurs qui devaient résulter d'une lutte prolongée, sollicitèrent de vous des mesures d'apaisement qui devaient avoir pour résultat de mettre fin à cette lutte fratricide. En tenant compte de toutes les causes d'irritation qui avaient porté une portion si nombreuse de la population parisienne à lever le drapeau de l'insurrection, tant de privations et de tortures subies pendant un long siége, tant de misères pour le présent et pour un long temps encore, il semble, Monsieur, que votre âme devait en être émue et que la clémence devait faire entendre sa voix, tout en réservant la punition des crimes qui ne pouvaient être que le fait de quelques misérables, étrangers à toute conviction politique. Malheureusement vous vous êtes considéré comme exerçant une dictature militaire, et, tout en témoignant de votre bienveillance pour les efforts tentés dans un but d'humanité, vous avez voulu que FORCE RESTAT A LA LOI.

Et cependant, si les idées de clémence eusssent prévalu, que de malheurs étaient évités ! que d'existences conservées ! que de foyers préservés de la ruine ! C'était la vie des otages sauvée ! c'était Paris conservé intact dans sa richesse monumentale !

C'était plus que cela encore, Monsieur : c'était la République conservée dans toute sa force ; car si ses ennemis, qui étaient à l'affût d'un motif qui leur permît de lui porter un coup terrible, n'avaient pu alléguer aucune de ces atrocités qui souillent trop souvent les guerres civiles, ils n'auraient pu demander le désarmement et la dissolution de la garde nationale dans toute la France.

Or, la garde nationale maintenue, c'étaient les factions royalistes maintenues dans l'impuissance ; c'était la présidence de la République conservée à l'homme éminent qui l'occupait.

En effet, Monsieur Thiers, pourquoi la majorité royaliste vous aurait-elle renversé ? Qu'aurait-elle gagné à occuper le pouvoir, si la nation eût toujours été prête à se dresser contre tout attentat à sa souveraineté ?

Deux fautes ont encore contribué à cette déplorable journée du 24 mai. Quand la question du pouvoir constituant fut portée, pour la première fois, à l'Assemblée qui siégeait alors à Bordeaux, vous fîtes une déclaration importante. Tout en reconnaissant que l'Assemblée était souveraine et pouvait prendre toutes les mesures de salut public exigées par les circonstances, vous émîtes des doutes sur le pouvoir constituant qu'elle voulait déjà s'attribuer, et vous lui dites alors que, lorsqu'elle aurait arrêté les mesures financières qui devaient assurer la libération du territoire et fait les lois d'un intérêt immédiat, elle aurait terminé une tâche laborieuse dont elle pourrait se glorifier justement.

En effet, comme on l'a déjà dit bien des fois, l'élection de cette assemblée faite à la hâte, sous la menace des canons de la Prusse, dans des délais moindres que ceux de la loi électorale, ne rendit pas possibles les discussions importantes qui auraient eu lieu dans le corps électoral s'il se fût agi d'une chose aussi capitale qu'une constitution à établir, une forme de gouvernement à fonder. Aussi le corps électoral ne s'est préoccupé que d'une chose : il était effrayé de tous les maux que la guerre avait déjà causés et il voulait la paix à tout prix ; or, dominé par cette volonté, il a très-judicieusement choisi les grands propriétaires, les grands capitalistes, comme devant être animés des mêmes intentions ; mais malheureusement ces grands privilégiés de la fortune sont très-hostiles à la République.

Eh bien ! chose inconcevable ! le pouvoir constituant de l'Assemblée, qui, à Bordeaux, vous paraissait douteux, vous le lui avez reconnu à Versailles, alors que toutes les élections qui avaient eu lieu depuis le 8 février témoignaient d'une opposition marquée entre le corps électoral s'attachant tous les jours davantage à la République et l'Assemblée manifestant de plus en plus ses sentiments monarchiques.

Quand je trouve *inconcevable* votre dernière opinion sur le caractère de l'Assemblée nationale, ce n'est qu'une façon de parler. Je comprends très-bien le changement qui s'était opéré dans votre esprit : homme monarchique par votre passé, par vos mœurs, par des convictions enracinées, vous n'avez accueilli la République que par l'impossibilité démontrée de fonder tout autre gouvernement avec quelque chance de durée. Dans de telles dispositions d'esprit, vous avez voulu organiser la République en mettant dans ses institutions et son personnel le plus possible des hommes et des choses de la monarchie. Or, quand vous avez vu le Corps électoral s'éprendre de la République à ce point d'accorder ses suffrages — aux opinions républicaines les plus accentuées, vous en avez été effrayé. Et croyant

pouvoir toujours rallier la majorité de l'Assemblée
à vos projets, vous vous êtes dit qu'il vous serait
plus facile de fonder avec elle la République conser-
vatrice, qu'avec l'Assemblée que de nouvelles élections vous enverraient.

Vous avez vu, Monsieur, combien, pour une partie
au moins de ces présomptions, votre erreur était
grande ; tout à l'heure, je crois pouvoir établir que
sur l'autre votre appréciation était tout aussi peu
fondée.

La seconde faute, et celle-là est capitale, date du
moment où vous avez eu le bonheur d'annoncer à
l'Assemblée les accords définitifs pour la prochaine
libération du territoire.

Ce résultat si heureux, et qui témoignait à la fois
de votre ardente sollicitude pour les intérêts du
pays, et de la confiance suprême que vous aviez
inspirée au vainqueur, vous donnait un ascendant
irrésistible sur l'Assemblée, et, dès lors, vous pouviez lui dire que sa mission serait terminée quand
l'évacuation du territoire serait parfaite ; qu'il fallait, par un vote, fixer cette époque pour la convo-
cation d'une Assemblée chargée de l'établissement
des lois constitutionnelles, parce qu'alors le pays,
libre dans ses allures, exprimerait bien exactement
sa volonté, et qu'une Assemblée constituante, ainsi
nommée, jouirait de toute l'autorité à laquelle doit
prétendre la plus haute délégation du pays.

Si vous eussiez fait cela, M. Thiers, sans doute la
partie résolûment monarchique de l'Assemblée en
eût éprouvé un vif dépit, parce qu'elle aurait vu ses
projets mis à néant ; mais, néanmoins, le succès de

votre proposition était certain, et le pays, rassuré sur l'avenir, donnait un plein essor à toutes ses facultés créatrices : une prospérité inouïe en eût été le résultat.

Je sais bien qu'avec les dispositions d'esprit dont j'ai parlé, vous ne pouviez guère songer à tenir un pareil langage. Cependant on voit tous les jours des hommes, même supérieurs, soudainement éclairés par un fait, reconnaître comme une erreur telle idée qu'ils avaient soutenue jusque-là comme une vérité.

Pour clore la partie critique de cette lettre, je dois parler de votre dernier acte gouvernemental : votre démission, après le vote fameux du 24 mai. Eh bien ! permettez-moi encore de vous dire que, pour beaucoup de bons esprits, ce fut là une faute des plus grandes. Dans les conditions ordinaires, on comprend qu'un chef de République, ayant contre sa politique le vote de la majorité des représentants, se démette de ses fonctions, alors même que la loi lui donnerait le pouvoir d'appeler de cette décision au pays lui-même; il peut suivre les inspirations d'une légitime fierté et délaisser le pouvoir : il sait qu'il ne met en péril aucune des bases fondamentales de l'Etat. Mais vous, monsieur, vous vous retirez quand vous savez que c'est aux partisans de la royauté, aux serviteurs de ce régime condamné par toutes les manifestations de l'opinion, que vous abandonnez le pouvoir. Oh! c'est là, il faut le redire, une bien regrettable détermination.

Après le vote du 24 mai, sachant très-bien ce que projetaient les partis monarchiques, vous deviez avoir le courage de contenir les émotions doulou-

reuses de votre âme au spectacle d'une telle ingrati-
tude, pour ne voir que la France républicaine, qui
avait placé sa confiance en vous. Et vous rappelant
que le vote de la proposition Rivet avait eu pour objet de lier d'une manière indestructible la présidence
de la République, en votre personne, à l'existence
de l'Assemblée actuelle, vous deviez, le rappelant
aussi à l'Assemblée, lui demander de vous désigner
la composition ministérielle qui lui semblerait devoir donner à la République un caractère plus *résolûment* conservateur. Vous deviez ajouter, comme
conclusion, que si, après les entretiens que vous au-
riez avec ces personnes, l'accord n'était pas possible, vous qui pensiez interpréter plus exactement
l'opinion du pays, vous l'appeleriez à se prononcer
sur ce conflit.

Je me trompe fort, monsieur, ou un tel langage
aurait singulièrement modifié l'opinion de la majorité de l'Assemblée. J'ajoute que vous eussiez ainsi
bien mieux réalisé la promesse que vous avez faite
en acceptant le pouvoir; car pour rendre intacte
l'institution politique qui vous avait été confiée,
n'est-ce pas à la nation que la remise devait en être
faite, plutôt qu'à une Assemblée où tant de volontés
poussent à la destruction de la République ?

Aussi depuis votre retraite du pouvoir, le pays a
la douleur de voir les libéraux et les républicains
confondus dans une même haine par ceux qui se
sont appelés : le *gouvernement de combat,* expulsés de
toutes les fonctions, les cercles républicains fermés,
les journaux supprimés ou suspendus, ou privés de
la vente sur la voie publique, ce qui est la mort en-

core ; tandis qu'on favorise des actes de dévotion excentriques, des pratiques religieuses d'un autre âge : consécrations, vocations, pèlerinages, récits de miracles et imageries *ad hoc,* afin de s'emparer par tous les moyens de l'esprit des populations naïves ; en sorte que la France, que la philosophie du XVIIIᵉ siècle avait grandie et placée à la tête des nations qui marchent à la lumière, à la raison, à la fraternité universelle, est à cette heure tenue en suspicion par l'Europe, qui voit en elle l'armée du jésuitisme, le licteur prêt à frapper aux ordres de la Rome papale, afin de replonger le monde dans les ténèbres d'où la Révolution française l'avait tiré.

Sommes-nous assez humiliés !

Mais ce n'est pas seulement pour faire refleurir la religion catholique dans toute sa puissance primitive que s'agite le monde de l'obscurantisme ; il vise à quelque chose de plus substantiel, de plus terrestre : il marche à la conquête du pouvoir. Les longs loisirs que l'Assemblée s'est donnés au mois d'août ne semblent pas avoir eu d'autre but que de favoriser de nouvelles tentatives de fusion entre les deux branches royales qui ont pesé sur notre malheureux pays, tentatives qui cette fois auraient réussi.

A ce sujet, qu'il me soit permis de manifester le profond étonnement d'un grand nombre d'esprits sensés, touchant la conduite peu réfléchie de la presse libérale et républicaine de Paris. Quand la première nouvelle fut donnée du départ de M. le comte de Paris pour Frohsdorf, aussitôt ces journaux de nier la démarche ; alors qu'on le disait

parti, on l'avait vu, disaient-ils, ici chez M. le duc...,
là chez M. le comte..., etc., pour finir en fin par reconnaître que la démarche avait été bien réellement faite,
et que les deux illustres rejetons s'étaient bien réellement congratulés.

Je le demande, si la presse républicaine eût bien
compris sa dignité et la défense des intérêts qu'elle
représente, eût-elle dû s'occuper plus d'un jour du
projet de ces deux Messieurs ? Si, dans cette circonstance, j'avais eu l'honneur de diriger un journal
quotidien, j'aurais, après la certitude acquise de la
démarche dont il s'agit, imprimé en tête de mon
journal et en lettres capitales les lignes suivantes :
« M. le comte de Paris vient de consommer à Frohsdorf la ruine de la monarchie constitutionnelle, en
faisant, lui, le chef de la famille qui représentait en
France cette royauté, une démarche auprès du
comte de Chambord pour lui rendre hommage,
abaissant ainsi son droit devant le sien. »

« Cette soumission des d'Orléans au Chef de la
Maison de Bourbon est le plus bel hommage qui
pût être rendu à la République. — Ces messieurs
ont compris qu'avec une nouvelle Assemblée c'en
était fait de la royauté, et qu'il fallait se hâter de se
réconcilier, afin de rendre peut-être possible à l'Assemblée actuelle, le rétablissement de la monarchie.

« Après l'immense désastre que vient de nous
causer le Pouvoir personnel, il n'y avait bien que
des prétendants qui pussent songer à nous imposer
ce malheur et cette honte ! Eh bien ! qu'ils appren-
nent donc, s'ils l'ignorent, que la France ne laissera
pas consommer cet attentat à sa souveraineté ; et

s'ils passaient un jour de la préméditation aux actes, elle leur infligerait une amère désillusion.

« Qu'ils continuent donc, si cela leur plaît, leurs spéculations insensées ; la presse républicaine ou libérale ne leur fera pas l'honneur de s'occuper d'eux. »

Vous figurez-vous, Monsieur, si ceci eût été réalisé, si un silence absolu eût été fait sur ces menées, la poignante humiliation qui en résultait pour ces agitateurs royaux ? La fusion, n'ayant pour organes à Paris que les quatre journaux ultramontains, succombait sous le ridicule. Si donc elle a pris corps, si on lui fait presque l'honneur de la craindre, on le doit à la faute que je viens de signaler.

Mais il est très-heureux pour la République que les princes d'Orléans se soient montrés sous leur vrai jour ; on les savait très-*intéressés,* mais on pouvait croire que cette famille avait bien sincèrement accepté la théorie de la monarchie constitutionnelle qui subordonne l'autorité royale à la volonté des représentants de la nation, et consacre dans certains pays une assez grande somme de liberté.

Ce pacte avec la liberté était sa raison d'être comme famille régnante, ce qui la différenciait de la branche aînée qui prétend ne régner qu'en vertu d'un droit divin.

Eh bien ! voilà que les princes d'Orléans désespérant, devant le succès des idées républicaines, de recouvrer jamais le pouvoir, viennent d'abdiquer au profit de l'héritier des rois absolus toute prétention à la royauté constitutionnelle. Les doctrines paternelles sont reniées ; il n'y a plus pour eux, comme pour le comte de Chambord, qu'une royauté respectable : la royauté absolue, celle qui consacre l'entier assujettissement du peuple au roi que le hasard de la naissance lui a donné.

Les personnes qui, dans là crainte d'une marche trop rapide dans la voie de la liberté, préféraient la royauté libérale à la République, doivent voir maintenant le fond qu'elles peuvent faire sur les promesses des rois constitutionnels : ils ne subissent cette condition que jusqu'au moment où une circonstance leur permet de s'en affranchir. Il y a donc lieu d'avoir cette consolante pensée, que tous ceux qui désirent sincèrement le règne de la liberté et le respect de la dignité humaine, adopteront désormais la République, qui sera d'autant plus mesurée dans son essor, que les hommes à opinions modérées, rangés sous sa bannière, seront en plus grand nombre.

Mais si ces tristes prétendants s'agitent de nouveau pour ressaisir le pouvoir, c'est qu'ils ont des serviteurs dévoués jusqu'au sein de la représentation nationale. Voilà, Monsieur Thiers, le point important de la lettre que j'ai l'honneur de vous adresser. Je vais donc le traiter avec toute l'ampleur désirable, afin que ma conclusion soit-tenue pour équitable et vraie par tous les esprits honnêtes.

Au mois d'août 1872, l'Assemblée nationale s'est déclarée constituante, quoique 227 de ses membres aient, par leur vote, déclaré le contraire. Il semble qu'elle ne pouvait s'attribuer un droit aussi contesté que dans l'hypothèse où elle aurait été en parfaite communion d'idées avec le pays. Eh bien! dans toutes les élections de députés qui ont eu lieu depuis la formation de l'Assemblée, le pays a continué de manifester une volonté en opposition à la majorité de la Chambre : il veut le maintien de la République. Dès lors, sur quel motif équitable l'Assemblée peut-elle s'appuyer pour maintenir sa résolution ?

Mais allons plus loin, posons le cas où l'Assemblée aurait reçu le pouvoir constituant le plus précis, le plus incontestable ; je dis que la raison et l'équité, devant la volonté du pays aussi hautement manifestée, imposeraient encore à sa loyauté et à sa dignité de laisser à une autre Assemblée, plus en harmonie avec la volonté actuelle de la nation, l'œuvre capitale d'une constitution à établir. Mais, aujourd'hui, il s'agit bien d'autre chose que de faire une constitution à cette détestable République. La journée du 24 mai n'a pas été faite pour un résultat aussi mesquin. Maintenant qu'une vaste épuration des fonctionnaires a été pratiquée, qu'il n'y a dans toutes les administrations que des royalistes avérés, que les mauvaises doctrines ont cessé de circuler par l'extinction des journaux qui les propageaient, maintenant que les pèlerinages abondent, que les consécrations pieuses se multiplient, que les miracles même s'épanouissent ; maintenant, enfin, qu'il n'y a plus deux royautés rivales et que la monarchie constitutionnelle s'est fondue sous le souffle de la royauté du droit divin, c'est la République, c'est la souveraineté populaire qu'on veut détruire. C'est la monarchie absolue et cléricale qu'on veut édifier !!!

En vérité, l'esprit est confondu devant une pareille audace ! et malgré tout ce qu'en disent les journaux de la réaction, on a peine à croire à un pareil attentat à la souveraineté du peuple.

Nous savons bien qu'il y a dans tous les partis des écervelés, des *risque-tout*, toujours prêts à pousser aux plus grandes énormités ; mais pour l'honneur de notre pays, on doit se refuser à croire que la majorité de l'Assemblée, toute désireuse qu'elle soit de rétablir la royauté, puisse vouloir réaliser ce fait par le plus grand des crimes !

En effet, monsieur Thiers, quel autre nom donner à une telle action ?

Voilà une Assemblée qui est le produit du suffrage de neuf millions d'électeurs ; elle a été élue dans les conditions légales d'une République, institution qui existait déjà quand le despote dont elle a prononcé la déchéance fit son coup d'Etat ; elle ne tire son droit, sa virtualité que de ce vote souverain, et elle briserait cette souveraineté ?

Si le droit de neuf millions d'électeurs est si peu de chose qu'il puisse être détruit par la première ambition venue ; quelle valeur, je le demande, peut avoir le droit de l'Assemblée qui ne procède que de ce suffrage ? En vérité, on est presque honteux d'être dans la nécessité d'énoncer des raisons aussi simples, aussi évidentes.

Par suite de la faute qu'elle a commise en s'occupant de la fusion, la presse libérale ou républicaine, qui compte tant d'hommes de talent, a été fatalement amenée à discuter les chances de succès qu'une restauration monarchique pouvait avoir ; elle semble tout heureuse quand, par des calculs approximatifs, il lui paraît que les fusionnaires ne sauraient obtenir la majorité. Et lorsque ceux-ci répondent que leur triomphe est certain, parce que, n'y eût-il qu'une voix de majorité, la royauté sera proclamée, la presse démocratique s'indigne à cette idée et elle argumente d'une telle façon, qu'il semble que l'usurpation lui paraîtrait moins odieuse si la majorité comptait un certain nombre de voix.

Il est d'autres organes de l'opinion libérale qui devant l'audace des feuilles réactionnaires, soutenant la légalité du rétablissement de la monarchie par l'Assemblée, n'osent presque pas contester ce mensonge impudent, et semblent se réfugier dans l'axiome : *summum jus summa injuria.*

Quelle timidité d'arguments d'un côté, que d'insolentes affirmations de l'autre !

Mais que peut faire le vote d'une majorité imposante dans une question où l'Assemblée tout entière n'a aucun droit ? Quand tous ses membres, SANS EN EXCEPTER UN SEUL, voteraient le rétablissement de la monarchie, l'iniquité de ce vote serait aussi monstrueuse que si le vote n'avait lieu qu'à la majorité d'une voix. Dans le premier cas, un plus grand nombre d'hommes se seraient rendus coupables d'un attentat à la souveraineté du peuple : voilà toute la différence.

L'Assemblée s'est déclarée constituante, bien que 227 de ses membres, répétons-le, aient nié ce droit et n'aient reconnu, avec la majorité de la France, sa souveraineté que pour le cas tout spécial de traiter de la paix et des questions qui s'y attachaient. Mais ne contestons pas plus longtemps sa souveraineté ; admettons qu'elle a le droit de faire des lois organiques, la Constitution même, si l'on veut. S'en suit-il parce que l'Assemblée est souveraine qu'elle ait le droit de faire TOUT CE QU'ELLE VEUT ? Il n'y a donc pas des droits sacrés et des principes éternels de morale, devant lesquels tous les législateurs doivent s'incliner avec respect. L'Assemblée, par exemple, pourrait-elle abolir la propriété, le mariage, établir la polygamie, détruire la liberté des cultes, etc., etc.

Eh bien ! si des barrières infranchissables s'élèvent pour protéger la propriété, le mariage, la personnalité humaine, la liberté de croyance, comment l'Assemblée pourrait-elle attenter à un droit aussi grand, aussi respectable que ceux que je viens de mentionner : le droit d'un peuple de se gouverner à son gré, et de préférer les institutions qui le font libre et lui promettent, par leur équité, le bonheur dans l'avenir, à la réédification de la monarchie, de ce gouvernement qui chez toutes les nations n'a produit et ne saurait produire que ces tristes fruits : *ignorance, misère, dépravation, servitude.*

J'en reviens donc à ma proposition : l'esprit ne peut admettre qu'une assemblée, nommée par neuf millions d'électeurs et qui n'a d'autres droits que ceux que lui a conférés ce vote, se retourne contre le Souverain et ose lui tenir ce langage : « Désormais tu n'auras plus de droits politiques ; nous te retirons même ceux dont tu as usés pour nous faire tes mandataires ; tu n'es pas digne d'être libre, puisque tu n'as pas même su choisir les hommes qui devaient te représenter dans tes aspirations. Nous allons rétablir la monarchie ; et si toutefois on te fait la faveur de t'appeler tous les cinq ou six ans au scrutin, pour l'élection des députés ou des conseillers municipaux, ce sera pour déposer dans l'urne le bulletin que nous aurons mis dans ta main. »

C'est une chose monstrueuse cela, n'est-ce pas, monsieur Thiers. Voilà cependant l'expression exacte de l'acte qui ravirait au peuple sa souveraineté.

Si l'on pouvait admettre que la majorité monarchique, prête, dit-on, à commettre cet attentat, a une conviction sincère, consciencieuse de la supériorité de la monarchie sur la République, au point de vue du bien-être social, tout ce qui pourrait lui être permis ce serait d'exposer ses idées au Souverain et de solliciter son adhésion. Comprend-on toutefois ce qu'il y aurait de *naïveté* à dire à un peuple : « Vous êtes une société républicaine ne relevant que de vous-mêmes, n'obéissant qu'à vos propres lois, cela est vrai ; mais vous avez les émotions de la vie politique, et cela nuit à votre bonheur et trouble aussi la quiétude des classes riches ; nous vous proposons de vous placer sous la conduite d'un Maître qui vous dispensera de penser et d'agir en vue des intérêts publics. Vous êtes une société d'hommes libres, *soyez un* TROUPEAU *docile :* la félicité est à ce prix. »

Je crois avoir établi, par des considérations majeures, qui jusqu'à présent ne s'étaient pas fait jour dans la presse, du moins je le crois, que la destruction de la souveraineté nationale serait un crime politique à l'égal des plus grands. Consommé par l'Assemblée actuelle qui a reçu le mandat de consacrer cette souveraineté, il s'aggraverait encore de la duplicité et du parjure. C'est vraiment une chose énorme d'avoir à craindre que des hommes probes et loyaux dans la vie privée, puisqu'ils ont été hono rés du suffrage des électeurs, puissent dans la vie publique commettre un acte aussi révoltant. Tout ce qu'il y a d'honnêteté dans le cœur se soulève à cette idée.

Et cependant il n'est plus permis de douter que cette proposition outrageante pour la majesté natio- nale sera faite à l'Assemblée. Que va-t-il être opposé à cette coupable tentative ? Je lis chaque jour tout ce qui est publié, et nulle part, je le dis avec douleur, je ne vois tracé le devoir rationnel et digne que la situation impose aux défenseurs de la souveraineté nationale.

Les journaux démocratiques, ne s'étant pas placés dès le début sur le terrain d'une logique sévère, semblent presque résignés à subir le vote sur la question du rétablissement de la monarchie ; ils supputent les forces de chaque groupe de la Cham- bre, évaluent la partie flottante des indécis qui, cé- dant aux influences, se portent à gauche comme à droite, et ils arrivent à conclure que la République triomphera. « Enfin, disent-ils, si contre toute pré- vision la monarchie l'emportait, son règne serait de courte durée. »

Est-ce bien ainsi, Monsieur Thiers, que doivent agir les défenseurs de la République ? Ne compren- nent-ils pas que permettre de porter à la tribune le projet de rétablissement de la royauté, c'est recon- naître le droit de l'Assemblée de se prononcer sur cette question soit pour l'accueillir, soit pour la re- pousser. Ce droit inique admis, pourquoi les députés indécis ne céderaient-ils pas aux influences qui seraient si habiles à leur persuader que la République ne peut être que défavorable aux privilégiés de la fortune.

Il y a, Monsieur, une autre manière de procéder plus respectueuse de la souveraineté nationale, et qui plus qu'un vote négatif peut rallier à la majorité, parce qu'elle procède par la formule d'un droit supérieur indiscutable. Ce moyen s'offre à la pensée de tout homme de sens qui réfléchit à la situation, et il n'est pas permis de supposer qu'il ait échappé à votre esprit si pénétrant. En vous en parlant, je ne fais pas autre chose que d'affirmer que c'est bien ainsi que le pays comprend que son droit doit être mis à l'abri de toute atteinte,

Donc, dès la première réunion de l'Assemblée, une proposition à peu près motivée dans les termes qui suivent doit être présentée à son approbation :

« La fusion qui s'est opérée tout récemment entre les deux branches des Bourbons a ravivé les espérances des monarchistes, de ces hommes qui ne forment dans l'État qu'une minorité infime. Tous les organes de cette opinion annoncent hautement que la proposition du rétablissement de la monarchie va être portée à cette tribune ;

« Par respect pour la souveraineté nationale qu'une telle proposition outragerait, par respect pour l'Assemblée elle-même qui serait atteinte dans son honneur, si elle souffrait qu'il lui fût proposé de trahir son mandat en foulant aux pieds les droits sacrés dont la nation lui a remis le dépôt, nous demandons :

1° Que toute proposition ayant pour objet d'attenter à la souveraineté nationale, soit par la suppression ou la mutilation du suffrage universel, soit par la destruction de la République qui en est la seule et véritable consécration, ne puisse être prononcée dans cette enceinte ;

« 2° Que tout représentant qui oserait braver cette défense soit, par un vote, expulsé sur-le-champ de l'Assemblée pour cause d'indignité. »

Ne vous paraît-il pas, M. Thiers, que c'est là, en effet, la première mesure à prendre ; qu'elle s'impose par la logique au moins autant que par le respect dû à la souveraineté nationale ; et qu'une telle proposition doit être accueillie par tous les hommes vraiment loyaux et consciencieux. Et puisque les bonapartistes ont proposé aux républicains une action commune, c'est dans ces conditions seules qu'elle peut avoir lieu : la souveraineté nationale est maintenue, les Bourbons sont écartés et leurs prétentions à jamais ruinées. Eh bien ! si la République ne réalise pas ses promesses et les espérances qu'elle a fait concevoir, ils restent eux avec toutes les leurs. Que veulent-ils de plus ? Qu'ils se souviennent, d'ailleurs, que c'est leur union avec les monarchistes qui nous a mis dans la situation où nous sommes, et ils seront moins exigeants.

Personne ne doutera que cette proposition, appuyée de votre éloquente parole, ne triomphe de l'opposition royaliste. Mais si contre toute prévision elle échouait, vous êtes déjà fixé, j'en suis certain, sur le parti qu'il y aurait à prendre. Il n'en est qu'un seul que commande un impérieux devoir : c'est de se retirer en masse afin de ne laisser à la majorité monarchique aucune autorité morale.

C'est ici, M. Thiers, comme vous le comprenez sans nul doute, que l'intervention du président de la République devient indispensable ; c'est à lui que doivent recourir les députés fidèles à leur mandat. Minorité ou majorité, le président ne pourra voir dans les députés qui voudraient détruire la souveraineté nationale que des factieux ; et religieux observateur d'une promesse solennelle, il sera avec vous pour le MAINTIEN des *institutions*.

Les organes du royalisme, qui ne vivent que de mensonges, ont cherché à équivoquer sur ce mot : *Institutions* ; il leur plaît de voir l'Assemblée désignée par ce mot. C'est obscur et déloyal au-dessus de toute expression ; mais qu'importe ? on croit avoir ainsi fourni au président, pour peu qu'il en aurait envie, le moyen de trahir sa parole. La vérité est que le maréchal Mac-Mahon connaissant l'émotion causée au pays par la journée du 24 mai, comprit la nécessité de calmer les esprits, de dissiper les inquiétudes ; il ne pouvait donc songer à manifester un tendre intérêt pour la majorité monarchique, autour de cette situation anxieuse. Il ne pouvait avoir en vue, en parlant du maintien des Institutions, que 'Institution républicaine confiée à sa garde.

Sans doute, le président s'est déclaré l'exécuteur des décisions de l'Assemblée, mais sous la condition implicite que ses actes seraient dans le sens de la souveraineté nationale, base du pouvoir politique actuel. Voilà l'explication loyale et sensée de la parole du président. — Ainsi les journaux républicains ont donc pleinement raison de dire que la parole du président de la République doit nous rassurer contre le danger d'une usurpation du pouvoir souverain.

Tout vous convie, monsieur Thiers, à prêter l'appui de votre haute influence à cette grande cause de la République. Vous avez vu, malgré l'incognito dont vous avez voulu vous envelopper, les populations de l'Est voler à votre rencontre et vous acclamer du nom le plus glorieux. Sur quelque point de la France qu'il vous plairait de vous porter, ces démonstrations seraient les mêmes, aussi vives, aussi spontanées. Eh bien ! monsieur, ces populations qui se pressaient ainsi sur votre passage, quelle pensée les anime, quelle préoccupation les possède ? Croyez-vous qu'elles saluaient seulement en vous le grand patriote, le politique habile qui, pendant deux ans, a consacré toutes ses forces au relèvement du pays et à la libération du territoire ? Non, monsieur ; menacé par la faction monarchique, épouvanté à l'idée de la restauration de cette vieille royauté despotique et cléricale que la Révolution avait renversée, le peuple acclame encore en vous l'homme d'Etat supérieur qui, après avoir reconnu que la monarchie est désormais incapable de satisfaire aux nécessités sociales, a eu le courage de le proclamer hautement et d'exhorter tous les esprits honnêtes à se rallier franchement à la République. Et il compte, ce peuple, sur votre puissante parole pour anéantir d'un seul effort tous les complots ourdis contre la souveraineté nationale.

Je ne crois pas devoir aller au-delà des énonciations présentes, touchant les moyens auxquels on peut encore recourir pour assurer le succès de la défense républicaine. Adressé à un homme tel que vous, autour duquel se groupent tant d'hommes de mérite, le conseil serait au moins superflu. Dans les projets de résistance à la coalition monarchique, n'ayant vu nulle part énoncé l'emploi du moyen le plus en harmonie avec la dignité nationale, j'ai pensé qu'à défaut d'une voix plus autorisée, tout citoyen avait le devoir d'émettre sa pensée, surtout quand elle est partagée par un grand nombre de personnes. Ce devoir, je l'ai rempli. Oui, je le répète, pour tous les défenseurs de la souveraineté nationale, la première mesure à provoquer, dès que l'Assemblée aura repris ses travaux, c'est d'empêcher de porter à la tribune la proposition outrageante du rétablissement de la royauté sous quelque forme qu'elle soit présentée.

Indépendamment du devoir qui commande à tous les représentants de défendre avec vigueur les droits qui leur ont été confiés, il est une considération majeure qui vous impose à vous, monsieur, plus qu'à tout autre, une participation énergique à cette défense, à cause de la haute influence que vous exercez, et qui, en assurant la victoire du droit, nous préservera des malheurs de la guerre civile. En effet, croit-on qu'il soit possible de ravir au peuple ses droits les plus sacrés, sans qu'aussitôt de nombreux soulèvements n'éclatent dans le pays ? Depuis que le peuple a conquis la République, on lui a dit et répété à satiété, mais avec raison, que l'emploi de la force est un crime, quand, par son bulletin de vote, il peut se faire rendre justice ; qu'il ne s'agissait que de patienter pour obtenir par ce moyen ce qu'il obtient si rarement par la violence.

Le peuple a compris ce langage, et malgré toutes les atteintes portées à ses droits dans ces derniers temps, on le voit attendre, pacifique et résigné, le jour de la réparation. Mais enhardie par le succès, la coalition monarchique arracherait de ses mains le bulletin de vote, ou, ce qui revient au même, détruirait la République, sans laquelle le suffrage universel n'est qu'une dérision, et le peuple ne protesterait pas ? Mais s'il subissait sans mot dire ce dernier outrage, ses oppresseurs seraient les premiers à l'accuser de lâcheté et à dire qu'il n'était pas digne d'être libre.

Mais, espérons-le, la patrie sera préservée du retour de ces jours de deuil et de larmes. Même dans l'hypothèse inadmissible où le droit serait repoussé par une infime majorité, le pays, à la voix de ses représentants loyaux et fidèles, saurait le faire triompher sans recourir à la force. A un jour marqué, si dans toute la France le peuple remplissait de ses masses profondes les places principales des cités, ayant en tête de ses colonnes pacifiques, ses magistrats municipaux et les autres membres des Corps électifs, — avec une bannière portant ces simples mots : *Maintien de la Souveraineté nationale*. Vive la République ! la réaction aurait beau pousser à la violence, elle ne trouverait pas d'armée pour disperser des manifestations aussi imposantes, aussi dignes de respect.

Au moment où je termine ces lignes, on place sous

mes yeux votre éloquente lettre au maire de Nancy. La joie que j'en éprouve, tout ce qu'il y a d'esprits honnêtes et équitables en France l'a ressentie. Ce concours énergique pour la défense de la souveraineté nationale, que je sollicite de votre propre initiative, vous le promettez sans réserve. Satisfaction étant déjà donnée à ce qui faisait l'objet principal de cette lettre, ces feuilles pourraient être jetées au vent s'il ne me restait à vous adresser une prière que tout le pays me semble vous faire par ma voix.

Quand la faction monarchique aura été réduite à l'impuissance, ne persistez plus, Monsieur, nous vous en adjurons, à vouloir organiser la République avec l'Assemblée actuelle, quand bien même vous reconquerreriez la majorité qui vous a soutenu pendant si longtemps. D'abord, comme cela a été dit tant de fois, l'œuvre pour laquelle elle fut formée est consommée complètement, et, pour les meilleurs esprits, son mandat pour traiter d'autres intérêts est au moins très-contestable. De plus, elle est en complet désaccord avec les volontés du pays : les faits attristants qui se succèdent depuis la formation du Ministère de son choix le prouvent surabondamment.

Que pourrait-on faire avec une telle Chambre ? Elle ne s'occuperait de vos projets constitutionnels que pour les modifier dans un sens défavorable à la liberté, et en bien des points, permettez-moi de vous le dire, c'est précisément le contraire qui doit être fait, afin que la République produise des fruits qui la rendent un objet d'envie pour les autres nations et les portent à nous imiter. Oh ! quelle belle revanche ce serait là, et comme l'Alsace et la Lorraine nous reviendraient vite quand les peuples seraient libres !

Craindriez-vous vraiment que, dans l'Assemblée future, les radicaux ne se trouvassent en trop grand nombre ? Quelle serait votre erreur ! Où sont élus les radicaux ? dans les grands centres industriels, vous le savez encore mieux que personne. Eh bien ! en France, il y en a à peu près une dizaine. Supposez en moyenne dix députés radicaux pour chacun de ces centres, et voilà cent radicaux élus, c'est-à-dire que le nombre actuel des radicaux à l'Assemblée serait à peine doublé.

La France étant en grande majorité républicaine, je ne fais aucune difficulté d'admettre que dans de nouvelles élections 500 républicains de toutes nuances pourraient s'ajouter encore aux premiers ; mais vous devez voir, par les membres actuels de la gauche et du centre qui l'avoisine, s'il vous serait impossible de vous entendre avec eux. Pour moi, je le dis avec une grande sincérité, et les républicains à vieilles convictions seront de mon avis, j'ai plutôt la crainte que votre éloquence charmeuse n'exerce un trop grand empire sur cette majorité républicaine.

En terminant, je vous adresse les paroles suivantes, Monsieur Thiers, avec la même émotion que si j'avais reçu du pays la mission expresse de vous exprimer sa pensée :

Vous allez bientôt rendre à la France un service plus grand, si c'est possible, que l'œuvre de la libération du territoire : vous allez réduire à l'impuissance cette faction audacieuse qui médite le plus odieux des crimes, la destruction de la souveraineté nationale par une assemblée qui n'existe qu'en vertu de cette souveraineté, et la ruine de l'œuvre immortelle de la Révolution française dont vous êtes le brillant historien; de cette Révolution qui a répandu dans le monde tant de grandeurs morales, et reste, après les revers inouïs de nos armes, notre seul titre au respect des peuples ! Aussi votre dernière manifestation a-t-elle fait bondir de rage les organes de cette faction; elle a compris que ses jours sont comptés, et elle vous honore de ses plus noires invectives. Vous vous y attendiez, et cela ne vous arrêtera pas dans l'accomplissement du grand devoir qui vous incombe : il vous méritera la reconnaissance infinie de vos concitoyens, les acclamations de l'Europe et l'illustration de l'histoire.

G. V.

Paris. — Imp. F. DEBONS et Cie, 16, rue du Croissant.